L'INCENDIE DU CHATEAU DE VERSAILLES

Il a été tiré de cet ouvrage Quatre Exemplaires
sur Japon Impérial, numérotés de 1 à 4.

L'INCENDIE

du Château de Versailles

Relation authentique contenant ce qui s'est passé de plus
remarquable avec les différents caractères des personnages qui ont eu part à ce fameux événement.

par MARTINE

suivi de Notes explicatives et documents irréfutables
colligés avec le plus grand soin.

> Vous trouverez dans la lettre 91 [de Sénèque],
> le récit de l'incendie de Lyon avec des réflexions
> sur ce terrible événement.
>
> DIDEROT.

PARIS

BIBLIOTHÈQVE DE « LA CRITIQVE »

50, Boulevard Latour-Maubourg, 50

MCMV

A

L'EXQVIS

ET

SPIRITVEL

DESSINATEVR

LÉON LEBÈGVE.

M.

L'INCENDIE DU CHATEAU DE VERSAILLES

A Versailles, vendredi 6 septembre.

Il faut que je vous conte, mon cher monsieur, la chose la plus extraordinaire qui se puisse imaginer. Je vous la donne en cent, en mille, et vous jetterez votre langue aux matous. Eh bien ! Versailles est brûlé, mais brûlé et si bien brûlé qu'il n'en demeure pas pierre sur pierre. Voici, en bref, comment la chose advint. Madame Clorinde avait convié hier soir à souper Monsieur l'Abbé et l'on se disait les choses les plus plaisantes et les plus fines du monde, quand tout à coup l'on entendit un épouvantable vacarme. Les cloches de la cathédrale Saint-Louis et de l'église Notre-Dame se mirent à sonner à toute volée, *bim*, *boum*, *boum*. Dans la rue la maréchaussée battait sur les caisses la fricassée, *plan, rata-plan*, les suisses sonnaient de la trompe, *taratata*. Des gens dévalaient en furieux, criant à tue-tête: « Le feu, le feu au château ! » Monsieur l'Abbé récita les grâces, plia sa serviette, puis se levant, dit : « Voilà un événement prévu mais bien fâcheux (*A*). Nous allons voir ce que nous allons voir. » Car j'ai toujours soupçonné Monsieur l'Abbé de gîter en son âme un petit Néro, mais il me dit peste comme la gratelle, ce qui est pure calomnie. Nous quittâmes la table et, à la lueur d'une clarté qui faisait horreur, nous nous rendîmes aux Grandes Écuries. Par la taroupe de Saint-Fénéon le spectacle n'était pas ordinaire ! Attisé par Borée, la Cour de Marbre était déjà la proie du feu, les toits se couronnaient de grosses fumées noires et puantes, les vitres sautaient et l'on voyait par les ouvertures béantes de ce nouvel antre de Vulcain les flammes darder leurs langues. Ça mugissait, rugissait, craquait, bouillonnait dans ce palais infernal digne de l'enchanteresse Armide. L'élément perfide courait dans les couloirs, grimpait aux faîtes, pétaradait en pluie d'étincelles. Le feu était si allumé et la chaleur si insoutenable que la statue du Roy était fondue et qu'il ne restait que les quatre pattes du cheval.

Vous pensez que le pillage avait déjà commencé. M. le Lieutenant de Police Lépine donnait la course à un maraud qui emportait la pendule de Caffiéri. A bout d'haleine, il criait : « Arrête, arrête ce coquin, qu'on lui rompe les os et lui donne cent coups de bâton. »

Dans cette révolution, Monsieur le Grand-Architecte, Maître des Jeux-et-Ris, Sur-Conservateur des Domaines de Versailles, Marly et Trianons, remplissait ses fonctions avec civisme et sans lacune et s'en acquittait avec une énergie antique digne de Cato et de Brute. Il fit mander Monsieur le Lieutenant de Police. « Monsieur le Lieutenant, pour éteindre ce feu, il faudrait de l'eau. — Aurais-je dit le contraire, Votre Dignité ? En ce cas, je vais faire mander les capucins. » On courut aux Récollets quérir les bons pères pour couper le feu. Ces charitables capucins s'en vinrent avec une pompe qu'ils ajustèrent, puis demandèrent d'être fournis d'eau. Il leur fut répondu d'aller puiser à l'étang du Trou-Salé, la mare des Suisses étant à sec. Mais l'entreprise exigeait trop de détours et le feu gagnait en ravages.

Monsieur le Grand-Architecte, Maître des Jeux et-Ris, eut soudain une heureuse inspiration. « Morbleu, s'écriat-il, que l'on m'aille quérir sur l'heure la clef du Bassin Royal de Versailles. » Une délégation, pour laquelle furent observées toutes les préséances, s'organisa et se rendit en pompe à l'Hôtel de Ville. Le Bailli, Monsieur Baillet-Réviron, entouré des magistrats municipaux la harangua, puis lui remit ladite clef. Le cortège retourna au Château, puis on s'en fut au Bassin Royal.

Ce Bassin Royal (*B*), cher monsieur Papyrus, est la chose la plus admirable du monde. Imaginez une grande cuve creuse et rectangulaire dont les lignes précises et se coupant à angle droit se combinent si harmonieusement qu'elles ravissent l'œil par l'équilibre et l'unité de la composition. En vérité cette citerne est merveilleuse. Il est juste de dire que l'architecte qui l'imagina, Monsieur Constant Moyaux, homme illustre, éclairé et magnanime, membre de l'Académie royale de peinture et de sculpture, suça jadis en la ville éternelle la mamelle de l'art grecque et latine. Monsieur le Grand-Architecte après avoir louangé, ainsi qu'il convenait, un œuvre aussi magistral, donna un grand tour de clef. Une vanne s'ouvrit qui livra passage à une légion de rats, mais pas d'eau pour une obole, pour la raison majeure et inéluctable que les tuyaux qui la devaient amener ne devaient être placés que trois lustres plus tard, par suite de l'obération du trésor et de la pénurie des phynances. Monsieur l'Abbé qui s'était joint au cortège demeura ébaubi de l'aventure. Il offrit une prise de tabac d'Espagne à Monsieur le Grand-Architecte, en lui murmurant, car il avait de l'esprit comme quatre roses :

> L'onde ne chante plus en les mille fontaines,
> O Versailles, Cité des Eaux, Jardin des Rois !

Monsieur le Grand-Architecte donna l'ordre de rédiger incontinent un rapport détaillé sur ce remarquable événement, puis il fit refermer le Bassin Royal et l'on se rendit à la Place d'Armes. Le Grand-Architecte fit placer quatre rangées de banquettes pour les dames afin de voir brûler commodément le reste des bâtiments. Nous n'eûmes garde d'y manquer. Le spectacle était alors horriblement grandiose ; de cet ardent brasier s'élançaient des flammes, qui, avivées par Zethès et Calaïs, atteignaient jusques à vingt mètres de hauteur, et qui projetaient sur toute la place une lueur aveuglante. Nous pensâmes mourir de rire en voyant le domestique s'enfuir du château, fondu de sueur, en chemise et le derrière plus qu'à moitié grillé. Pensez que le feu avait attiré un grand concours de peuple. Il en dévalait de toutes parts de Glatigny, de Porchefontaine, de Saint-Cyr, de Toussus-le-Noble, de Châteaufort. La penaille clabaudait et faisait ripaille en chantant sur l'air de rigaudon de *Dardanus* :

> Vive le bois de Boulogne,
> Vivent tous ces tapis verts,
> Où l'on vient rougir sa trogne
> Et voir la feuille à l'ever

Puis elle reprenait en chœur ce refrain :

> Ce sont les Employés,
> Et les Caissiers,
> Et les Gaziers,
> Que le bonheur excite,
> Que la joie invite
> A rire et à chanter ;
> Ce sont les Employés,
> Et les Caissiers,
> Et les Gaziers,
> Qui s'amusent et qui chantent, enivrés :
> Le vin, l'amour, la liberté.

A minuit la Chapelle s'abîma avec un fracas si horrible de poutres et de solives que l'on n'eût pas entendu Dieu tonner. Le chef-d'œuvre de Monsieur Jules Hardouin-Mansart venait précisément d'être terminé grâce à l'ingéniosité d'un autre Grand Architecte, qui l'avait orné d'une abside gallo-romane (*C*). Monsieur l'Abbé déplora fort la perte d'un si bel édifice qui présentait dorénavant un ensemble aussi parfait. A ce moment un grand remous se fit dans la foule, *tra*, *tra*, *tra*, et l'on entendit crier : Place, place, à Monsieur le Sur-Intendant des Beaux-Arts ! » Son Excellence Céladon du Beau-Jardin, Sur-Intendant des Beaux-Arts et Protecteur éclairé des Lettres de la République françoise, n'avait pas laissé d'accourir en grande hâte de Paris, dans un pot-de-chambre, en crevant trois chevaux. Nous rîmes de bon cœur de le voir en pareil équipage, sans poudre ni perruque. Monsieur le Grand-Architecte Maître des Jeux-et-Ris le salua avec révérences, lui baisa la main, s'enquit des nouvelles de la santé de sa dame et de ses demoiselles, puis il s'écria, pathétique, en montrant les flammes . « Quel feu ! quel feu ! » En vérité il n'y avait pas moyen de traduire avec plus d'éloquence l'impression générale. Il ajouta : « Si jadis Votre Grâce eut daigné m'en accorder l'autorisation, j'eus confondu ainsi que j'en agis avec la Ménagerie (*D*) cet édifice, méprisable par sa disparate et l'eus réérigé en cément armé. » Monsieur le Super-Intendant des Beaux-Arts trouva l'idée si belle qu'il le promut sur l'heure officier d'académie, ordre de chevalerie auquel Monsieur le Grand-Architecte aspirait depuis de longues années et qui, vous le savez, n'est déféré qu'aux personnages illustres et du sang. Puis Monsieur du Beau-Jardin quitta la place et s'en fut vers Madame Clorinde et présenta à la belle beauté de Madame dont il était assoté ses hommages dévotieux. Il lui dit en montrant l'incendie vomissant les feux de sa rage expirante : « O ce feu ! » A quoi Madame répondit : « Ce que je ressens est au-dessus des paroles. » Monsieur du Beau-Jardin repartit :

Le feu qui semble éteint souvent dort sous la cendre.

Et Monsieur l'Abbé conclut :

Quel est ce feu ? Heu, heu !

vers essentiellement du poète Edmond Rostand et dont la chute fut trouvée admirable.

Sur ces entrefaites accourut le Gouverneur du Château, le Chevalier Pierre de Nolhac, l'œil hagard, les vêtements en désordre, la barbe horride et poussant des cris affreux. Monsieur l'Abbé le voulut retenir et lui faire collation pour le remettre d'une alarme aussi chaude, ajoutant en latin : *Coagulum amicitiæ est cum bonis convivium*, car l'érudition de Monsieur l'Abbé étonnait par son étendue et la familiarité de sa mémoire avec tout ce qui méritait de survivre. « Eh ! là, là, ne cessait-il de répéter, mon petit ami, ô pauvre toi mon cher, ne pleurez pas ainsi car vous me fendez le cœur. De l'assiette, morbleu, chevalier, de l'assiette ! O sable sans résistance ! Dieu, dans sa bonté infinie, voulut bien permettre que nous sauvassions des flammes les tableaux des Croisades et les *Funérailles du Président Carnot.*» Mais nouvelle Cassandre, le pauvre gentilhomme ne cessait de lamenter : « Hélas ! je l'avais dit, redit, prédit et surdit à tous les échos des gazettes (*E*). Ma voix clama dans le désert. Ah ! je sens que j'en vais mourir dans le désespoir. — Que non, que non, repartit doucement Monsieur l'Abbé. — Adieu, saint prélat. Percé jusques au fond du cœur d'un coup aussi funeste que mortel, je m'en retourne en ma chère Auvergne et aux bords fleuris qu'arrose le Lignon.

> O terre, où chaque pli cache une cicatrice,
> Où chaque mont fleuri parle des jours d'effroi,
> Je suis venu vers toi comme à l'inspiratrice ;
> Ce qui t'aime en mon âme est le meilleur de moi.
> En retour, donne-moi l'oubli dont tu disposes,
> L'exemple et le conseil de tes horizons roses :
> Fais que mon cœur troublé s'apaise comme toi.

— Ces vers sont fort beaux, dit Monsieur l'Abbé, puis il ajouta poliment : Si je n'étais Limosin, je voudrais être Auvergnat. »

Nonobstant Monsieur l'Abbé démit Monsieur le Chevalier de son épée, car l'infortuné gentilhomme était fermement intentionné de trancher du fil de son fer celui de ses jours. Puis après l'avoir embrassé et réconforté, il le remit aux mains de sa famille éplorée.

Comme l'incendie était terminé ; qu'il ne montait plus que de sales fumées rousses et que tout était devenu paix et silence, la compagnie tint bureau de conversation. Monsieur le Grand-Architecte ne semblait guère marri du feu. Il tira de dessous son juste-au-corps un grand plan, ajoutant qu'en ce monde toutes choses prennent fin ; que Versailles n'était point exceptée de la loi générale et que les principes austères étaient les corsets des âmes débiles. Quant à lui, il lui semblait expédient de rebâtir au plus tôt le palais en fer et verre églomisé, aliments réfractaires à la flamme. Monsieur l'Abbé fort intéressé reconnut qu'il était illuminé de la grâce divine par la dignité qu'il mettait en tout et la sereine confiance qu'il avait en ses lumières supérieures ; pourtant il penchait pour que Versailles fut édifié sur le plan primitif et nous rapporta à ce sujet que les Allemands, le peuple le plus curieux du monde, restauraient à grands frais le château de Heidelberg que les Français avaient pris jadis soin de brûler et qu'il serait bon qu'il en fût de même à Versailles et que l'amour filiale des gens de goût devait relever ces illustres ruines. A quoi Madame Clorinde repartit que telle pensée ne pouvait venir que d'un esprit frivole et qu'il fallait laisser à Clotho le soin d'achever son œuvre. Ne disait-on pas d'une vieille coquette, c'est une belle ruine? qu'il se fallait accommoder, qu'il était inutile de se ruiner pour des ruines et autres discours *ejusdem farinæ?* Madame avait raison et si d'aucuns réclament, qu'ils aillent se plaindre au ducque de Bourbon.

Monsieur Céladon du Beau-Jardin dit en baisant les beaux doigts de Madame : « *De las cosas mas seguras, la mas segura es dudar* ». Ce qui voulait dire que des choses les plus sûres, la plus certaine est de douter, qu'il n'avait aucune idée arrêtée, mais qu'il convenait avant tout de subvertir ces lugubres vestiges. « Avec votre permission, Monseigneur, s'exclama un conseiller du Parlement de Paris, Charles Beauquier, il ne sera pas dit qu'une main sacrilège, un pic impie soit porté sur ces ruines admirables. Dès demain je présenterai à l'enregistrement un édit protégeant le site de Versailles. — Noble et fertile esprit, s'écria le vicomte Lygdamire Montezac de Fezensquiou, saisissez donc le timon des affaires et nous sauvez les décombres du Château ; car emmi ce paysage barbare et grandiose, idoine aux géniales conceptions, se dressera le *Théâtre des Ruines de Versailles* que je voulus jadis tenter aux Bains d'Apollo. Oh, oh ! vous n'y prenez pas garde, mais l'œstre poétique me pique. Sous ces lambris noircis par la félonie de Loge où gîte la pipistrelle, je ferai jouer un ballet suave, *Le Bombyx bombillant du Pnyx*, apothéose de la vie innombrable. — Et vous serez Quinault, redressa Madame. » Monsieur le Vicomte lui lança un œil plein de bile, puis se tut. Monsieur l'Abbé daigna alors nous révéler qu'il préparait un ouvrage didactique sur *Les Graffiti du Parc de Versailles*, (*F*), écrit en vers latin, langue qui, on le sait, brave l'honnêteté. On continua de deviser jusqu'à patron-jaquet. Puis la société se sépara et les messieurs s'en furent courir les popines.

Les habitants de Versailles étaient dans le plus suave des ravissements, car ces ruines cadraient désormais à merveille avec celles de leur parc (*G*). Quelle chance est donc la nôtre ? disaient-ils. Ces ruines authentiques restaurées par notre cher et grand Grand-Architecte (que Dieu l'ait en sa sainte garde) ne manqueront pas d'attirer un afflux notoire de pérégrins d'art. Source inextinguible de revenus, incendie bienfaisant, flammes aimables, jour faste ! On ne voyait, je vous jure, que visages réjouis et je n'en veux pas davantage que cet aveu dépouillé de lard. Songez que la conservation de ces vilaines vieilles masures coûtait gros en argent dur au Prince et surtout à la Princesse (*H*). Il est juste d'ajouter que tant en tableaux, meubles, bijoux, tapisseries, ce feu coûte à notre belle France un milliard, du moins c'est ce qu'affirme Monsieur Pierre de Nolhac. Voilà qui a de quoi contrister un esprit pratique, mais baste, comme disait l'autre, elle est assez riche pour payer sa gloire. Faute d'un point Martine perdit son âme, faute d'une citerne Versailles flamba.

Ce sont des événements bien extraordinaires, n'est-ce-pas mon bon monsieur ? j'en ai la tête rompue et vous en écrirai plus long la prochaine fois.

Monsieur l'Abbé vous embrasse très parfaitement et

Madame répand sur votre esprit mille louanges que vous voudrez bien ne pas contredire pour l'amour d'elle.

Honneur et Santé. Adieu donc, mon très cher, mon très aimable monsieur, croyez à la tendresse infinie, vive et sensible de votre servante.

Martine.

NOTES

(a) — Voilà un évènement prévu mais bien fâcheux.

Le palais de Versailles et l'incendie.

Le palais de Versailles, qui contient d'inestimables trésors d'art, est à peu près aussi mal défendu que le musée du Louvre contre les dangers d'incendie. C'est, au dire de tous les gens compétents, un véritable miracle que le feu n'ait jamais éclaté dans le palais. Le désastre eût été irréparable et complet. Les bassins des grandes eaux sont tous en contre-bas du palais et sans pression suffisante. Les pompiers de Versailles sont insuffisamment outillés pour lutter contre un incendie qui prendrait bien vite de terribles proportions s'il venait à éclater.

L'Echo de Paris (1905.)

(b). — Ce bassin royal...

On vient de terminer à Versailles la construction d'un premier bassin de secours pour assurer la défense du palais contre l'incendie.

Dès 1893, M. Moyaux, membre de l'Institut, inspecteur général des travaux d'architecture de Versailles, avait attiré l'attention des pouvoirs publics sur le danger que courait le palais que ne protégeait absolument aucune organisation de secours contre l'incendie. C'était pour ainsi dire par miracle que le feu n'y avait jamais éclaté, et c'était comme par hasard que les salons splendides, les mobiliers, les collections d'une valeur incalculable de Versailles avaient échappé à un désastre irréparable, car le secours des bassins des grandes eaux, situés en contre bas du château et par conséquent sans pression, eût été nul.

Une commission fut nommée qui déclara l'urgence de travaux de défense qu'elle estimait à 194.000 francs. Mais dix ans plus tard, en 1903, M. Moyaux devait demander à cette commission de réclamer de nouveau ces travaux qu'on n'avait point encore commencés, faute de crédits.

Enfin, tout récemment, deux crédits de 50.000 fr. chacun ont été successivement votés par le Parlement. On a pu construire un premier bassin de secours qui sera prochainement mis à l'essai ; mais M. Moyaux estime qu'il en faut un second pour assurer complètement la défense du palais contre l'incendie.

Le Temps (1905.)

(c). — *Grâce à l'ingéniosité d'un Grand-Architecte qui l'avait orné d'une abside gallo-romane.*

La restauration audacieuse, ou plutôt la transformation que M. Formigé fit subir à la Cathédrale de *la Trinité* à Laval nous est un sûr garant de son savoir-faire ; là il n'a pas hésité à remplacer les massifs anciens du chœur par de grosses colonnes de granit ornées de sculptures pseudo-antiques, détruisant ainsi la physionomie historique du monument.

L'Occident (avril 1905.) .

(d). — J'eus confondu, ainsi que j'en agis avec la Ménagerie...

M. Gordon-Bennett chassait dans les bois qui encadrent le grand canal du parc de Versailles. Se trouvant à l'extrémité de la branche du canal la plus proche de Saint-Cyr, il se rappela qu'il y avait en ce lieu un curieux pavillon octogone, jadis entouré de sept cours, où Louis XIV et Louis XV s'étaient plu à élever des fauves et des animaux rares. De là le nom de Ménagerie donné à ce petit monument qui fut l'ancêtre du Muséum du Jardin des Plantes.

M Gordon-Bennett cherche la Ménagerie et ne trouve rien. Il interroge les gens du voisinage.

— Vous voulez peut-être parler d'une grande bâtisse blanche et rouge qui était là-bas, lui répondit-on. Ah ! bien, il y a longtemps qu'elle est démolie et qu'on en a pris la pierre. Pour de la belle pierre, c'était de la belle pierre !... Voyez-vous, ce sont probablement les pontonniers du génie qui ont fait la chose...

M. Gordon-Bennett, étonné, va conter l'histoire à l'érudit conservateur du château de Versailles. M. de Nolhac est encore plus ébahi.

— Comment ! la Ménagerie est démolie ! la Ménagerie n'existe plus !

M. de Nolhac saute sur son chapeau et sa canne, il court au bout du canal, il regarde, il se frotte les yeux. Plus de Ménagerie !

Une Plainte est adressée sur-le-champ au directeur du génie de Versaille, mais celui-ci fait répondre immédiatement par un officier, qu'il n'a jamais touché à une seule pierre de la Ménagerie.

Alors ?...

Eh bien ! alors, — la vérité est parfois invraisemblable, — c'est l'architecte même du château de Versailles, M. Marcel Lambert, qui, un beau jour, ayant besoin de pierre et de plâtre, avait jugé que la Ménagerie était une vieillerie inutile et l'avait fait jeter bas !...

La Flèche (1904).

(e). — *Je l'avais dit, redit, prédit et surdit à tous les échos des gazettes.*

LE MUSÉE DE VERSAILLES MENACÉ
Interview de M. de Nolhac

Une note publiée par un de nos confrères ayant attiré l'attention des pouvoirs publics sur les dangers d'incendie que court le musée de Versailles, nous avons demandé à M. Pierre de Nolhac, le distingué conservateur, si de telles craintes étaient justifiées.

Il est certain, nous a-t-il répondu, que le musée court de graves dangers. De vieilles poutres le traversent de part en part. L'appartement de Louis XV qui est situé au premier étage éveille plus particulièrement nos inquiétudes. Que voulez-vous, c'est la gloire de notre musée d'être retardataire ; s'il était bâti en ciment armé il est vraisemblable qu'on ne viendrait pas le visiter des quatre coins du globe.

Actuellement une allumette jetée par mégarde contre une de ses boiseries, qui sont à la fois l'objet de notre constante admiration et de nos craintes continuelles, suffirait pour provoquer le pire des désastres. Songez que du temps de Louis XIV déjà on estimait à une centaine de millions la valeur des merveilles dont nous avons la garde ; cette valeur, grâce aux siècles écoulés, est presque décuplée aujourd'hui.

Un incendie éclatant en ce moment exercerait des ravages d'autant plus effroyables que nous n'aurions pas d'eau pour l'éteindre. Les réservoirs qui alimentent Versailles sont en contre-bas du palais et sans pression suffisante. Sans doute, il y a deux ans, la Chambre vota un crédit de 200.000 francs, grâce auquel nous avons pu commencer les travaux de surélévation, mais, comme ce crédit a été réparti en quatre annuités, nous ne serons pas complètement rassurés avant 1907.

« Encore n'est-il pas bien certain que les crédits accordés seront suffisants. Les travaux à exécuter sont considérables. Les réservoirs, comme le palais, datent du XVIIe siècle.

M. de Nolhac nous avoue d'ailleurs, en terminant, qu'il redoute presque autant pour ses chères collections l'intervention des pompiers que la déclaration d'un incendie.

La Patrie (1905.)

(*f*). — *Monsieur l'Abbé... préparait un ouvrage didactique sur Les graffiti du Parc de Versailles.*

« Chemin faisant, Monsieur le chevalier nous fit remarquer que les statues étaient revêtues d'inscriptions. Monsieur le chevalier qui avait beaucoup voyagé en Italie avec Monsieur le Président de Brosses daigna nous apprendre que ces inscriptions renouvelées des Romains s'appelaient *graffiti*. « Voilà, ajouta-t-il, de quoi rêver et faire des réflexions. » Nous essayâmes d'en déchiffrer quelques-unes, mais nous n'en pûmes comprendre le sens : *T'en as un œil, J'aime Célanie pour son pognon et...* Ce jour-là, nous ne lûmes pas plus avant.

Voyage aux Ruines de Versailles (page 9.)

Vous saurez, à ne pas douter, que Bébert (du 12e d'artillerie) et Titine, ayant connu les joies de l'amour dans ce qu'elles ont de plus palpable, ont désiré laisser dans telle grotte hospitalière un souvenir durable d'émotions qui leur furent chères. Plus loin, vous recueillerez les plaintes, versifiées autant que possible, de quelque Ariane abandonnée.

N'écrasez pas de votre mépris les auteurs chétifs des ces barbouillages évidemment regrettables. Ayez plutôt un sourire indulgent pour cette preuve de l'humaine faiblesse.

Littérature Sylvestre, par Gaston Cronier.
Mercure de France (15 juin 1905).

(g). — Ces ruines cadraient désormais à merveille avec celles de leur parc.

Partout s'évoquait l'image de l'abomination de la désolation, les bosquets étaient des cloaques infects, les charmilles étaient détruites, les treillages rustiques arrachés, les statues mutilées, les fontaines gorgées de vase ne laissaient couler que des feuilles sèches. Le Bosquet des Dômes était veuf de ses dômes, et celui de l'Arc de Triomphe de son arche et de ses obélisques, d'autres avaient disparu complètement.

Voyage aux Ruines de Versailles (page 10.)

(h). La conservation de ces vilaines vieilles masures coûtait gros en argent dur...

Nos ruines.

L'admirable palais de Fontainebleau, qui contient tant de souvenirs de l'histoire presque entière de la France est absolument en ruines. Non seulement les tapisseries ont été coupées en morceaux, non seulement les meubles anciens ont été pillés, mais encore les corniches et les diverses sculptures sont mutilées, et les murs lézardés attendent des restaurations dont personne ne semble se soucier.

La moyenne des dépenses d'entretien, qui a dépassé 293,000 francs par an pendant tout le second Empire, n'a pas atteint 107,000 francs depuis 1871. Les résultats sont qu'aujourd'hui il faudrait dépenser plus d'un million pour remettre le tout en état.

Le malheureux architecte, devant son palais croulant, en est réduit à classer les travaux très urgents, évalués à 425,000 francs, urgents 300,000 francs environ, nécessaires 180,000, etc.

Pour répondre à cette extrême urgence, les Chambres ont voté, au printemps dernier, un ridicule crédit de 50,000 francs. Si on continue d'appliquer les crédits avec cette « sage lenteur », les ruines iront plus vite que les restaurations.

Qu'en pense notre surintendant des beaux-arts ?

L'Echo de Paris (1905).

Achevé d'imprimer
le premier septembre mil neuf cent cinq
sur les Presses de Em. PIVOTEAU & FILS
Maîtres-Imprimeurs de La Critique
à
Saint-Amand-Mont-Rond
(Berry)

www.ingramcontent.com/pod-product-compliance
Ingram Content Group UK Ltd.
Pitfield, Milton Keynes, MK11 3LW, UK
UKHW021710090726
13657UKWH00005B/2156